IHRE ERSTE STELLE ODER PRAKTIKUM IM FINANZSEKTOR

Bewährte Schritte zum Start ihrer Karriere mit Hilfe eines Insiders

WAYNE WALKER

© Copyright 2019 Wayne Walker, Alle Rechte vorbehalten.

Dieses Buch wurde mit dem Ziel geschrieben, möglichst genaue und zuverlässige Informationen bereitzustellen. Bevor Sie eine der hier empfohlenen Maßnahmen ergreifen, sollten Sie bei Bedarf Fachleute zu Rate ziehen.

Diese Erklärung wird sowohl von der American Bar Association als auch vom Committee of Publishers Association als fair und gültig angesehen und ist in den gesamten Vereinigten Staaten rechtsverbindlich.

Darüber hinaus wird die Übertragung, Vervielfältigung oder Reproduktion eines der folgenden Werke, einschließlich präziser Informationen, als illegale Handlung betrachtet, unabhängig davon, ob sie elektronisch oder in gedruckter Form erfolgt. Die Rechtswidrigkeit erstreckt sich auch auf die Erstellung einer Zweit- oder Drittkopie des Werkes oder einer aufgezeichneten Kopie und ist nur mit ausdrücklicher schriftlicher Genehmigung des Verlages erlaubt. Alle weiteren Rechte vorbehalten.

Die Informationen auf den folgenden Seiten werden im Großen und Ganzen als wahrheitsgemäße und genaue Darstellung von Tatsachen betrachtet, und als solche werden jegliche Unachtsamkeit, Verwendung oder Missbrauch der fraglichen Informationen durch den Leser dazu führen, dass alle daraus resultierenden Handlungen ausschließlich in dessen Verantwortung liegen. Es gibt keine Szenarien, in denen der Herausgeber oder der ursprüngliche Autor dieses Werkes in irgendeiner Weise für Härten oder Schäden haftbar gemacht werden kann, die ihnen nach der Aufnahme der hier beschriebenen Informationen entstehen könnten.

INHALTSVERZEICHNIS

EINLEITUNG: Warum dieses Buch? 5

KAPITEL 1: Wir beginnen mit dem Wesentlichen 7

KAPITEL 2: Das Netzwerk an der Uni 13

KAPITEL 3: Karrieren im Finanzwesen und die Auswirkungen von Technologie 21

KAPITEL 4: Lebenslauf oder CV? 27

KAPITEL 5: Das Bewerbungsgespräch 31

KAPITEL 6: Einige Hinweise zu Telefon- oder Online-Interviews 35

KAPITEL 7: Das Stellenangebot 39

KAPITEL 8: Verhandeln des Gehalts 41

KAPITEL 9: Das Beste aus dem Praktikum oder dem Studentenjob machen 45

KAPITEL 10: Der erste Job nach dem Abschluss 49

KAPITEL 11: Die soziale Szene 53

KAPITEL 12: GCMS Finance Assessment Übung 57

KAPITEL 13: Fragen im Bewerbungsgespräch 65

KAPITEL 14: Quellen 75

SCHLUSSWORT 77

PROFIL DES AUTORS 79

EINLEITUNG:
Warum dieses Buch?

Die Frage, die für jedes Buch dieser Art beantwortet werden muss, ist: Warum? Was ist der Sinn? Fülle ich die Seiten einfach nur mit Wörtern oder gibt es einen klaren Mehrwert, den ich den Lesern mitgebe? Ich gebe gleich die Antwort auf diese Frage. Ich bin überzeugt davon, dass dieses Buch das Ziel erreicht, diesen Wert in genau so vielen Seiten zu liefern, die nötig sind, aber ohne über das Ziel hinauszuschießen (meine anderen Bücher sind ebenfalls dafür bekannt, auf den Punkt zu kommen).

Auf den folgenden Seiten werde ich direkt darüber sprechen, was nötig ist, um die richtigen Türen für einen Job oder Karriere im Finanzwesen zu öffnen. Diese Tipps stammen aus meiner persönlichen Erfahrung in der Bank- und Finanzbranche über mehrere Länder und Kontinente hinweg. Für die Leser sind eben diese Ideen, die ich erst kürzlich mit Studenten und Absolventen weltweit geteilt habe, am wichtigsten. Diese Ideen und Tipps wurden bereits erfolgreich verwendet. Einfach gesagt, dies ist das Buch, das ich mir gewünscht hätte, als ich gerade meinen Abschluss gemacht hatte. Meine Vorschläge haben schon tausendfach funktioniert, ABER ich bin nicht so arrogant Perfektion zu suggerieren, denn alles und jeder kann verbessert werden.

KAPITEL 1:
Wir beginnen mit dem Wesentlichen

Die Essenz, um die Stelle zu erhalten, sobald Sie zu einem Interview eingeladen wurden, ist, die Interviewer davon zu überzeugen, dass Sie ihnen helfen können, ihre Ziele besser als jeder andere Kandidat zu erreichen. Bitte denken Sie genau darüber nach... Sie müssen sie überzeugen, dass Sie der beste Kandidat sind, um ihnen zu helfen, ihre Ziele zu erreichen. Das ist so wichtig, dass es wiederholt werden muss. Versuchen Sie sich ein Szenario vorzustellen, in dem die Rollen vertauscht sind. Ist es nicht genau das, was auch Sie sich von einem Kandidaten erwarten würden? Ihre Antwort sollte ein klares Ja sein!

Ihre Aufgabe besteht also darin, so viel wie möglich darüber herauszufinden, was genau die Ziele der Abteilung oder des Managers sind, die das Interview oder die Interviews führen werden. Glücklicherweise leben wir im Zeitalter des Internets, in dem eine Fülle an Informationen kostenlos oder fast kostenlos zur Verfügung steht. Dort werden Sie recherchieren, um so viele relevante Informationen wie möglich zu erhalten. Wenn Sie bereits jemanden in der Firma kennen, dann haben Sie die ideale Geheimwaffe, um Sie im folgenden Kampf einzusetzen.

Worauf es wirklich ankommt

Der vorherige Absatz bezieht sich auf das Interview, und nun werden wir prüfen, welche Schritte unternommen wurden, um dieses Interview zu gewährleisten. Das wichtigste ist Ihr professionelles Netzwerk von Menschen, die Sie kennen und die *sie kennen*. Ich wünschte wirklich, es gäbe einen Geheimtrick, um diese Tatsache zu umgehen. Selbst wenn Sie nun keinen weiteren Satz mehr in diesem Buch lesen, dann nehmen Sie einfach diese Erkenntnis mit und Sie sind bereits auf halbem Weg zu Ihrem Ziel. Das ist unfair und vermutlich auch nicht politisch korrekt, aber dafür habe ich keine Zeit und auch Sie nicht. Ihre Kontakte werden zu Beginn Ihrer Karriere glücklicherweise oder leider eine übertriebene Rolle spielen und sie werden Sie verfolgen.

Bevor ich tiefer in diese Materie eingehe, muss ich klarstellen, dass natürlich Ihre Noten und der Ruf der Universität, die Sie besucht haben, eine Rolle spielen, <u>aber</u> ein gutes Netzwerk gewinnt jedes Mal...mit Leichtigkeit.

Ich beginne mit mir selbst als Beispiel und werde auch von einige Erlebnisse von meinen Studenten aus der ganzen Welt, Europa, Asien, den USA erzählen. Doch das gemeinsame Bindeglied, das zu einem großen Teil zu ihren Erfolgen oder Herausforderungen bei der Suche nach ihrem ersten Job beigetragen hat, war ihr Netzwerk.

Nun zu meiner Reise: Meinen ersten Job in New York City bekam ich nur dank dem Einfluss der Menschen, die ich in dieser Branche kannte. Meinen ersten Job in einer Bank in Europa erlangte ich danke Tipps, die mir Freunde gaben. Die Tipps waren so gut, dass ich mich bei einem dieser Jobs in einer „kein Interview"-Interview-Situationen wiederfand, die Sie nach Ihren ersten paar Jobs immer häufiger erleben werden. „Kein Interview"-Interview bedeutet, dass Sie statt eines traditionellen Bewerbungsgesprächs einfach darüber diskutieren, ob sie mit Ihrem potenziellen Arbeitgeber auf derselben Wellenlänge sind.

War meine Situation einzigartig? Auf keinen Fall! Hier kann ich mich an ein internationales Career-Night-Rednerpanel beziehen, dem ich vor einigen Jahren beigewohnt habe. Auf dem Panel hatten wir die Gelegenheit, kurz den Prozess zu beschreiben, wie wir unsere Jobs bekommen haben. Die Mehrheit der Teilnehmer bekamen durch „No Interview"-Interviews ihre Positionen. Um ihre Anstellung zu sichern, hatten sie im Grunde nur eine Diskussion mit jemandem, den sie bereits aus ihrem Netzwerk kannten.

Nun, der Zyniker mag denken, okay Wayne, das ist in Ordnung für Sie und andere erfahrene Profis, aber was ist mit uns Studenten? Selbst wenn Sie mit dem, was ich geschrieben habe im Prinzip einverstanden sind, fragen Sie sich vielleicht, was Sie als „nur ein Student" anbieten können. Ich bin der Ansicht, dass jeder, der Networking mit einem Studenten unterschätzt, viele Möglichkeiten verpasst. Die Möglichkeiten für meine Firma durch diese „nur ein Student"-Verbindungen waren fantastisch. Von internationalen Geschäften bis hin zu Online-Schulungspartnern, privaten Kunden usw., die Liste ist sehr lang.

Merke: Als Student haben Sie <u>sehr wohl</u> etwas zu bieten. Sie kennen in vielen Fällen die neuesten Technologien und Trends, die ein wertvolles Gut sind. Ein weiterer wichtiger Punkt ist, dass Sie Ihren Abschluss machen werden, und daher werden sich Ihre Situation und Ihre Möglichkeiten ändern. Selbst als Student ist Ihr bestehendes Netzwerk bereits wertvoller, als Sie glauben würden. Jeder intelligente Profi oder jede Firma sollte sich bewusst sein, dass Studenten nicht einfach vom Himmel fallen. Man kann nie sicher sein, wer die Freunde, Eltern oder Verwandten dieser Studenten sind.

Fazit

Aus meiner praktischen Erfahrung im Umgang mit internationalen Finanzstudenten hatte die erste Festanstellung, unterm Strich, bei der Mehrheit mit jemandem aus ihrem Netzwerk zu tun. Und in einigen Fällen war ich es, der mein Netzwerk weitergab.

KAPITEL 2:
Das Netzwerk an der Uni

Es wäre eine ziemliche Enttäuschung eine große Sache aus Ihrem Netzwerk zu machen, ohne nun einige Schritte zum Aufbau dieses Netzwerks anzubieten. Als Student beginnen Ihre ersten Schachzüge auf dem Campus. Treten Sie so schnell wie möglich einer beliebigen Finanzgruppe oder einem Club bei, der Sie interessiert. Das Ziel ist es, dass Sie mit dem Aufbau eines professionellen Netzwerks beginnen. Sicher, Sie werden eine Menge neue Dinge hierbei lernen, aber am Ende ist Ihr erweitertes Netzwerk das Ziel. In Europa sind beispielsweise einige dieser Studentenclubs sehr beliebt und professionell. Ich habe bereits mit vielen von ihnen zusammengearbeitet, zum Beispiel an der Universität Groningen in den Niederlanden. Dort sind die Clubleiter für die Zeit, in der sie den Club leiten, nicht zur Schule gegangen. Mit anderen Worten, es ist ein Vollzeitjob. So ernst können diese Gruppen also sein.

Die verschiedenen Clubs veranstalten praktische Kurse zu unterschiedlichen Themen, manche habe sogar ich geleitet. Außerdem gibt es auch Firmenabende. Ein Firmenabend ist, wenn z.B. Banken ein Abendessen veranstalten, bei dem Studenten die Mitarbeiter treffen und sich für Sommerpraktika und ihre ersten Jobs vernetzen können. Für viele, aber nicht alle dieser Networking-Nächte, benötigen sich einen überdurchschnittlichen Notenschnitt, daher werden Sie gute Noten benötigen, um daran teilzunehmen.

Führung

Nun, da Sie in der Gruppe sind, besteht der nächste Schritt darin, über das gesichtslose Mitglied hinaus zu gehen, aus Ihnen herauszugehen und sich für eine Führungsposition zu bewerben. Das wird Ihnen die Möglichkeit geben, in der sicheren Umgebung der Universität das Führen zu üben. Wenn Sie einen Fehler machen, na und? Alles ist vergeben, weil Sie nur ein Student sind. Es ist besser, im sicheren Umfeld und nicht erst im Berufsleben diese Fehler zu machen.

Oft werden sich auch Ihre Fähigkeiten im öffentlichen Sprechen dramatisch verbessern. Eine Anmerkung zum Sprechen, üben Sie diese Fähigkeit so oft wie möglich, dies bringt Ihnen den besten Mehrwert in dieser Zeit.

OK, zurück zur Führung. Mit einer Führungsrolle können Sie Ihre Netzwerkchancen steigern und maximieren. Sie sind der Ansprechpartner für alle externen Firmen und Partner. Dies führt zu einer Vernetzung mit anderen Business- oder Finanzclubs an anderen Universitäten und erweitert Ihr Netzwerk! Offensichtlich sieht es auf Ihrem Lebenslauf gut aus und es hilft Ihnen, sich in dem oft überfüllten Feld der Konkurrenten abzuheben.

Praktische Übungen

Egal ob Klubmitglied oder nicht, Sie sollten sich so schnell und so gut wie möglich, eine praktische Ausbildung in dem Bereich, der Sie anspricht sichern. Je mehr Praxiserfahrung, desto besser. Denken Sie daran, an der Universität erhalten Sie Tonnen von Theorie, deshalb benötigen Sie in Ihrer Freizeit keine Theorie mehr. Doch die praktischen Fähigkeiten helfen Ihnen dabei, sich bei der Auswahl von Praktika oder Jobs von anderen abzuheben. Ein weiteres Plus dieser praktischen Kurse ist, dass Sie sich mit gleichgesinnten Studenten verbinden und sich gegenseitig helfen können.

LinkedIn

Erstellen und pflegen Sie Ihr LinkedIn-Konto so bald als möglich. Denn es ist das bevorzugte Tool für Geschäftsnetzwerke. Überspringen Sie das Foto von Ihnen bei einem Biertrinkwettbewerb und verwenden Sie eines das Sie als Person, die nach vorne sieht, darstellt. Von dort aus können Sie sich mit Menschen aus Unternehmen, die Sie interessieren, und insbesondere mit Alumni Ihrer Universität in Verbindung setzen. Eine Anmerkung, sich mit jemanden zu verbinden und gleich am nächsten Tag, um eine Gefälligkeit zu betteln wird nicht gern gesehen. Diese Person wird Sie daraufhin wahrscheinlich blocken oder ignorieren. Ein weiterer Punkt auf Ihrem Weg im Networking ist, den Prozess lange vor der geplanten Verwendung zu beginnen.

Was soll ich studieren?

Eine der häufigsten Fragen, die ich von Studenten bekomme, ist: „Wie wichtig ist es, worin ich einen Master mache?" Die kurze Antwort ist, dass es wichtig ist, aber es ist kein Deal Breaker. Solange es ein Lehrgang ist, der eine Mischung aus Wirtschaft, Finanzen, Statistiken usw. umfasst, sind Sie auf dem richtigen Weg. In meinen Tagen auf der

Einstellungsseite des Schreibtisches, habe ich auch Menschen mit Abschlüssen in Geschichte eingestellt, denn das wichtigste für mich war das Interesse und die Haltung der Person. Natürlich schadet ein starker Finanzhintergrund auch NICHT. Viele Firmen und Banken haben ihr eigenes Schulungsprogramm und werden Ihnen viel von dem beibringen, was Sie wissen müssen.

Realistisch gesehen, erhöht der Geschichte- oder Englischabsolvent seine Chancen, indem er ein Praktikum bei einer Bank absolviert oder beispielsweise ein Demo-Trading-Konto als Beweis für sein Interesse am Trading hat. Und wenn Sie das bestimmte Ziel haben, Buchhalter zu werden, dann sollten Sie, Überraschung, einen starken Fokus auf dieses Thema legen.

Kryptowährungen und Blockchain

Zum Zeitpunkt des Schreibens sind Kryptowährungen und Blockchain-Technologie bereits unter uns. Beide sind noch relativ neu, aber es wird empfohlen, dass Sie die grundlegenden Prinzipien von ihnen lernen und verstehen. Für Unwissende: Blockchain ist die zugrunde liegende Technologie für Kryptowährungen. Dies ist keine Stellungnahme zur Technologie, doch wenn Sie Kunden beraten, auch wenn Sie ein Produkt persönlich nicht mögen, müssen Sie dennoch darüber Bescheid wissen.

Sprachen

Außerhalb der Business-Klassen sollten Sie unter anderem Ihre Sprachkenntnisse in Betracht ziehen. Dies gilt vermutlich eher für Studenten in den Vereinigten Staaten, deren Fremdsprachenkenntnisse im Allgemeinen nicht so stark sind. Die überwiegende Mehrheit der Studenten, die ich in Europa unterrichte, spricht fließend oder fast fließend mindestens 2 bis 3 Sprachen, Studenten aus den Vereinigten Staaten weniger. Je mehr Sprachen, desto mehr Möglichkeiten für Sie, so einfach ist das.

Sprachen mit nachgewiesener Investitionsrendite? Englisch ist der Gewinner, viele nennen sie die Sprache des Geldes. Arabisch, Russisch, Deutsch oder Mandarin sind auch Ihre Tickets für große Boni, wenn Sie in einem Trading-Team, im privaten Vermögensmanagement oder ähnlichen Bereichen arbeiten. Ja, viele dieser Kunden sprechen Englisch, aber so wie jeder Mensch auf der Welt bevorzugen sie es, Geschäfte in ihrer Muttersprache zu machen, vor allem, wenn es um ihr Geld geht.

Laut meiner langjährigen Erfahrung bei der Verwaltung von Devisenhändlern hatten vor allem die Teams im Nahen Osten, in Russland und Asien ein besonders großes Handelsvolumen. Ihre Kunden mögen Aktivität und das ist gut für den Bonus des Teams. Für Vermögensmanagement-Teams kommt eine Menge des neuen Reichtums aus den Schwellenländern. Daher ist es von Vorteil, ihre Sprachen zu kennen.

Der Ruf Ihrer Universität

Der Ruf Ihrer Universität ist wichtig, aber er ist <u>nicht</u> so wichtig, wie einige es Ihnen weismachen wollen. Gehen Sie an eine Uni, die für Sie funktioniert, so, dass Sie sich dort wohl fühlen. Wie man oft sagt: „gehen Sie dorthin, wo Sie gefeiert werdet und nicht nur toleriert." 3 bis 6 Jahre an einem Ort zu verbringen, den Sie hassen, klingt nicht so attraktiv. Der Ruf Ihrer Universität spielt bei der Entscheidung einer Bank oder eines Unternehmens an einem Karriere-Event teilzunehmen eine Rolle. Wenn Sie jedoch während Ihrer Zeit an der Universität Kontakte aufgebaut haben, dann wird der Ruf Ihrer Uni in Bezug auf die Arbeitsstelle nur mehr auf den zweiten oder dritten Platz kommen.

KAPITEL 3:
Karrieren im Finanzwesen und die Auswirkungen von Technologie

Wo sollen Sie Ihre Karriere im Finanzwesen beginnen? Viel hängt von Ihrem Interesse ab. Extrovertiertere Persönlichkeiten könnten in den Verkauf gehen, während berechnende Personen in den algorithmischen Handel gehen könnten. Es ist jedoch wichtig, im Hinterkopf zu behalten, dass viele der Positionen spezialisiert sind, daher, wenn Sie einmal drinnen sind, sind Sie wirklich drinnen.

Investmentbanking

Das sind einige der Jobs, die Sie oft in Filmen sehen. Action, Glamour, Geld und lange Stunden. Wo Sie landen, hängt wiederum von Ihrem Interesse und Ihrer Begabung ab. Sie können an einem Trading Desk sein, der Forex- oder Optionsgeschäfte ausführt. Es könnte aber auch die Beratung von vermögenden Privatpersonen und Unternehmen umfassen. Viele Investmentbanker sind in Divisionen und Regionen unterteilt. Dies bietet Ihnen auch eine Menge an Möglichkeiten, international zu werden, wenn das ein Wunsch ist.

Commercial Banking

Commercial Banking ist das, woran die meisten Menschen denken, wenn Sie Banking erwähnen. Das umfasst auch Ihre lokale Bank für Kredite und Hypotheken. Hierhin gehen Sie, wenn Sie die lokale Atmosphäre als Filialleiter oder Kreditmanager, etc. Bevorzugen

Finanzplanung

Finanzplaner und private Vermögensverwalter arbeiten mit Privatkunden zusammen, um den besten Weg zur Erreichung der finanziellen Ziele des Kunden zu planen. Dies könnte unter anderem Steuerplanung oder Investitionsstrategien umfassen.

Private Equity

Private-Equity-Teams arbeiten daran, Kapital für Unternehmen zu finden, beispielsweise für eine regionale oder globale Expansion. Sie können auch an Unternehmensumstrukturierungen oder Buyouts beteiligt werden.

Corporate Finance

Die Unternehmensfinanzierung kann die Arbeit an Fusionen und Übernahmen, die Vorbereitung von Abschlüssen oder den Umgang mit externen Abschlussprüfern umfassen.

Hedgefonds

Hedgefonds sind private Investmentfonds, in denen die Manager viel Freiheit haben, wie und was sie investieren oder handeln. Sie können Hebel, Derivate und Shorting nutzen. Diese Arbeitsplätze sind heiß begehrt, und es ist keine Überraschung, dass der Wettbewerb sehr intensiv ist. Zu den möglichen Hedgefonds-Positionen gehören Trader, Portfoliomanager, quantitative Analysten usw.

Vorbereitung auf die Zukunft (Auswirkungen der Technologie)

Die Finanzbranche ist einer der Bereiche, die von der Technologie stark beeinflusst werden und auch weiterhin betroffen sein werden. Es wäre eine schlechte Idee, wenn wir dieses Thema ignorieren oder übersehen würden.

Als ich mit dem Finanzwesen anfing, wurden die Tech-Jungs in der Regel nur als Unkosten gesehen. Doch in den letzten Jahren hat es in der Branche einen spürbaren Wandel gegeben, hin zu dem, wo sie jetzt Teil des Front Office sind (wo das Geld gemacht wird). Es wird nun erwartet, dass Quants und Programmierer im Team sein müssen, damit die Einnahmen zu steigern.

Erstens haben Sie algorithmischen Handel (Algos), eine **Methode zur Ausführung von Trades mit automatisierten, vorprogrammierten Trading-Anweisungen unter Berücksichtigung von Variablen wie Kurs, Zeit und Volumen. Dies wird manchmal auch als Black Box Trading bezeichnet.**
Neben der Durchführung großer Trades können Algos Vermögenswerte schneller als Menschen einpreisen, was eine Bedrohung für einige Optionen oder Bonds-Teams darstellen kann.

Als nächstes gibt es die Robo-Berater, hier können Bankkunden mit wenig bis gar keiner menschlichen Interaktion Finanzberatung oder Handelsinformationen erhalten. Diese Berater werden von Algorithmen ausgeführt.

Auswirkung auf Arbeitsplätze

Was hat das nun für die Auswirkungen auf die Rolle von Bankern und Finanzspezialisten? Nun, vor allem, dass es nicht ausreichen wird, nur grundlegende Fähigkeiten zu besitzen. Sie müssen zusätzliche Schulungen erhalten, die mehr Einblicke bieten als nur das Programm, das von vielen Universitäten angeboten wird. Zum Beispiel Programmierkenntnisse: MQL4, Python oder C++. Im Referenzabschnitt dieses Buches finden Sie einige empfohlene Bücher, die Ihnen zu diesen Themen weiterhelfen können.

Kluge Fachleute sehen den kurzfristigen Einfluss der neuen Technologien auch darin, dass Sie sich weniger auf Routineaufgaben konzentrieren werden oder Zeit für sie aufbringen werden. Eine andere Möglichkeit, dies zu sehen, ist, dass die Technologie Trader oder Vermögensverwalter nicht ausrotten wird, sondern sie tatsächlich in die Lage versetzen wird, auf einem höheren Niveau zu arbeiten und produktiver zu werden. Zum Beispiel können Sie dank K.I. (Künstliche Intelligenz) Ihre Kunden, die nicht so leistungsstark sind, schneller identifizieren, oder Sie werden über übersehene Anlagemöglichkeiten informiert.

KAPITEL 4:
Lebenslauf oder CV?

Zunächst ein wenig zu den Unterschieden. Die größten Unterschiede liegen in der Länge und dem Zweck. Ein Resümee ist eine kurze Momentaufnahme Ihrer Fähigkeiten und Erfahrungen und ein CV ist detaillierter. Ihr Resümee/Lebenslauf ist in der Regel eine Seite oder maximal zwei Seiten lang. Ein CV könnte theoretisch vier bis sechs Seiten lang sein. Was für Sie am besten ist kommt darauf an, wo Sie sich in der Welt befinden. In den Vereinigten Staaten ist ein kürzerer Lebenslauf Resümee häufiger, in Europa, Asien und den Nahen Osten ist ein langer Lebenslauf CV die Norm.

Welches Format Sie auch gewählt haben, ich schlage vor, dass Sie sich auf maximal zwei Seiten beschränken und das anführen, was für die Position, für die Sie bewerben, am relevantesten ist. Als Person, die eine Menge von Interviews und Einstellungsgesprächen hinter sich hat, kann ich Ihnen sagen, dass ich selten weiter als ein oder zwei Seiten lese. Ich war einfach zu beschäftigt, wie viele andere Manager und regionale Führungskräfte. Wir wollten nur eines herausfinden, und zwar ob Sie uns helfen können, unsere Ziele zu erreichen.

Sie werden die Grundlagen angeben: Ihren Namen, Ihre Adresse usw. in Europa, insbesondere in Nordeuropa, geben viele Menschen ihr Geburtsdatum zusammen mit einem Foto an. Je nach Land können Fotos und Geburtsdaten als übertrieben angesehen werden. Neben den genannten Grundlagen werden Sie alle bezahlten oder unbezahlten Aktivitäten hervorheben, die für die Position relevant sind.

Ein paar Worte über Ihre weniger glamourösen Positionen, als Sie als Kellner, Zimmermädchen usw. während der Schule gearbeitet haben, schaden auch nicht. Diese Positionen zeigen Arbeitsmoral nun mal genauso gut wie jede andere. Denken Sie daran, dass die Leute, die Interviews führten, auch eine Vielzahl von Nebenjobs an der Universität hatten. Der Sommerjob, den ich vor dem Studium hatte, beinhaltete Rasenmähen in der kochenden Sonne! Deshalb gab es nie ein Problem Arbeit zu finden. Später im Leben war ich sogar ein „Extra" ein unterstützendes Mitglied der dänischen Royal Opera. Ich bewerbe mich nicht mehr für Stellen, aber wenn mich Leute kontaktieren, um Karrierecoaching zu erhalten, ist zu meiner Überraschung oft eine der ersten Fragen, die ich erhalten „Ist das überhaupt ein Job?" Jedes Unternehmen, das Sie nicht einstellen wird, nur weil Sie Zimmer gereinigt haben, sind wahrscheinlich Menschen, mit denen Sie sowieso nicht zu viel Zeit verbringen möchten. Denken Sie daran, dass Sie das Unternehmen genauso ausfragt wie Sie es.

Initiativbewerbungen

Wenn Sie glauben, dass ein Unternehmen unwiderstehliche Chancen für Ihre Zukunft hat, dann müssen Sie nicht warten, bis eine offizielle Ausschreibung erfolgt. Wenn sie glauben, dass Ihre Fähigkeiten die Ziele des Unternehmens unterstützen, werden sich Türen öffnen. Oder zumindest werden Sie in dem Moment, in dem es eine offene Stelle gibt, die erste Anlaufstelle sein. Ihre Initiative, einen Schritt nach vorn zu tun, hat keine Nachteile.

Applicant Tracking Systems

Lassen Sie uns die Technologie besprechen, mit der viele von Ihnen bei der Jobsuche zu kämpfen haben, werden. Große Unternehmen setzen derzeit fast immer Verfahren zum Einsatz von ATS (Applicant Tracking Systems) ein, und die Finanzwelt ist hier nicht anders. Diese Systeme funktionieren, indem sie Lebensläufe nach Schlüsselwörtern und Phrasen scannen. In der Theorie wird dadurch sichergestellt, dass nur die am besten qualifizierten Kandidaten bei der Jobsuche vorankommen. Leider ist dies nicht immer der Fall.

Ich frage mich häufig, wie viele qualifizierte Menschen übersehen wurden, einfach nur, weil sie ihre Lebensläufe nicht mit genug Keywords gefüllt haben. Hoffentlich wird das aber endlich den Wert des Netzwerkes unterstreichen. Wenn Ihr Netzwerk stark genug ist, können Sie diesen Schritt in vielen Fällen überspringen.

Anschreiben

Ihr Anschreiben ist ein weiterer wichtiger Schritt in der Jobsuche. Hier ist es Ihr Ziel, den Leser so interessiert zu machen, dass er Ihrem Lebenslauf einen zweiten Blick gibt und Sie hoffentlich zu einem Interview einlädt. Sie sollten auch die Gründe für Ihr Interesse an der Position und warum man Sie zu diesem Interview einladen sollte, anführen.

KAPITEL 5:
Das Bewerbungsgespräch

Jetzt sind Sie endlich im entscheidenden Moment. Wenn Sie es zum Interview geschafft haben, dann sind Ihre Chancen, den Job zu bekommen, einigermaßen gut. Wenn sie denken, dass du keine Chance hättest, dann hättest du es nicht so weit geschafft.

Der Schlüssel zum Erfolg des Interviews ist die Vorbereitung. Sie sind vorbereitet, wenn Sie über das Unternehmen Bescheid wissen, wo es sich befindet und wo es sein möchte. Dann sollten Sie detaillierter werden, Sie müssen herausfinden welche Rolle die Abteilung im Unternehmen spielt, für das Sie interviewt werden. Sie sollten immer im Hinterkopf behalten, was die andere Seite (den Interviewer) motiviert. Der Vorbereitungsprozess umfasst ebenfalls so viel Übung wie möglich bei der Beantwortung von häufig gestellten Fragen zu sammeln. Dies wird Ihnen helfen, eine ausgefeilte Präsentation halten zu können. Eine Sammlung dieser Beispielfragen befindet sich in einem späteren Kapitel.

Wie bereits erwähnt, müssen Sie den Interviewer davon überzeugen, dass Sie die beste Person sind, um ihnen beim Erreichen ihrer Ziele zu helfen. Dies erreichen Sie, indem Sie ein Bild des Vertrauens projizieren, und dieses Vertrauen werden Sie erhalten, indem Sie vorbereitet sind. Viele Studien zeigen, dass die Entscheidung darüber, ob Sie die Position erhalten oder nicht, innerhalb der ersten fünf Minuten getroffen wird. Daher muss Ihre selbstbewusste Energie von allen im Raum gefühlt werden.

Sie möchten in der Regel mehr zuhören als reden, aber Sie werden auch eine Liste von Fragen über die Position und das Unternehmen haben wollen, wenn sie gefragt werden, ob Sie noch weitere Fragen haben. Es ist nicht gut, wenn Sie in diesem Teil des Interviews keine Fragen parat haben. Ihre Frage könnte zum Beispiel mehr Informationen über den typischen Karriereverlauf von dieser Stelle sein.

Mein Fazit für Interviews

Das entscheidende, was ich bei meinen Interviews suchte, war, ob es eine Übereinstimmung zwischen dem Lebenslauf und der Person gab, die ich vor mir sah. Für jeden Anwärter, der mir sagte, „ich habe eine Passion" aber kein Beweis dafür hatte, lief es normalerweise nicht so gut. Wenn Sie eine „Leidenschaft für den Handel" haben, sehe ich lieber viele Beweise, zum Beispiel zusätzliche Schulungen oder Kurse, die Sie außerhalb der für Ihren Abschluss obligatorischen Kurse absolviert haben. Waren Sie Mitglied eines Finanzclubs? Hatten Sie ein Demo-Trading-Konto? Diese Dinge bringen eine Abstimmung zwischen dem Lebenslauf und der Person.

KAPITEL 6:
Einige Hinweise zu Telefon- oder Online-Interviews

Viele Leute fragen mich, wie man mit Telefoninterviews fertig wird. Telefon- oder Online-Interviews sind heutzutage sehr üblich, daher ist eine separate Strategie erforderlich. Die gute Nachricht ist, dass Sie die meisten Vorschläge, die wir besprochen haben, auch hier nutzen können. Allerdings müssen Ihre Hörfähigkeiten ein neues Niveau erreichen, da Sie den Interviewer nicht sehen können.

Die Vorbereitung ist auch hier essenziell, genauso wie beim persönlichen Gespräch. Sie benötigen einen ruhigen Bereich, frei von jeglichem TV-, Hintergrund- oder Straßenlärm, um das Gespräch führen zu können. Ein Schreibblock oder Notizbuch ist ebenfalls notwendig. Dies ist insbesondere wichtig, um sich Notizen zu Zahlen oder wichtigen Fakten zu machen, auf die Sie später im Gespräch eingehen möchten. Dadurch müssen Sie nicht darum bitten, dass die Dinge wiederholt werden, und Sie vermitteln dem Interviewer einen strukturierten Eindruck.

Viele Menschen, darunter auch ich, scheinen bei dieser Art von Interviews übrigens im Stehen bessere Leistungen zu erbringen. Ein weiterer Tipp, der für viele funktioniert hat, ist, sich so zu kleiden, als ob oder zumindestens fast, als ob Sie bei einem persönlichen Interview sind. Sie lesen richtig, Sie kleiden sich, als ob Sie dort sind, denn Sie bietet tatsächlich einen geistigen Schub. Genauso, wie Sie sich für viele andere Bereiche in Ihrem Leben kleiden, kann dies Ihre Handlung oder Leistung beeinflussen.

Ein Tipp aus meiner langjährigen Erfahrung ist, dass Sie vor dem Interview Wasser trinken sollten, um Ihren Hals zu schmieren. Es gibt keinen Grund, zu übertreiben, nur ein paar Gläser vorher und dann ein Glas am Tisch.

Wenn Sie ein Online-Interview haben, dann ist es offensichtlich, dass Sie eine robuste Internetverbindung haben müssen und alle Ihre Tech-Gadgets voll aufgeladen und <u>vor</u> dem Interview getestet wurden.

KAPITEL 7:
Das Stellenangebot

Gute Nachrichten! Sie haben das Angebot, für das Sie so hart gearbeitet haben. Der erste Schritt besteht darin, sicherzustellen, dass die Grunddaten korrekt sind, die Position und das Gehalt, was Sie im Sinn hatten. Je nach Position wird das Angebot sowohl telefonisch als auch per E-Mail durchgeführt. Sie müssen alle Abweichungen sofort korrigieren und dann mit den nächsten Schritten beginnen. Für diejenigen, die unsicher sind, bitte beachten Sie, dass ein Stellenangebot und die telefonische Annahme rechtlich bindend sind.

Überprüfen Sie sorgfältig, ob es sich um das Unternehmen handelt, für das Sie wirklich arbeiten möchten, und prüfen Sie die Vor- und Nachteile erneut. Wenn Sie außerdem das schöne „Problem" haben, mehrere Stellenangebote zu evaluieren, bitten Sie um mehr Zeit, um die richtige Entscheidung zu treffen. Seien Sie jedoch realistisch und rücksichtsvoll, es wird nicht empfohlen sich mehrere Wochen Zeit zu nehmen.

KAPITEL 8:
Verhandeln des Gehalts

Als Praktikant hat das Gehalt nicht die oberste Priorität. Hier liegen die Prioritäten bei der Erfahrung und der Aufbau eines Netzwerks. Für einen kürzlichen Absolvent ist es immer noch nicht die oberste Priorität, aber es hat bereits mehr Bedeutung. Als Absolvent sind Sie nicht mehr Student und sollten sich nicht mit schlechter Bezahlung begnügen. Im Zweifelsfall ist es vollkommen in Ordnung, sich nach dem Gehaltsbereich für Ihre Position zu erkundigen. Basierend auf ihren anderen Fähigkeiten, die Sie haben (Fremdsprachen, Programmieren usw.), können Sie natürlich verlangen, dass Sie am oberen Ende des Bereichs platziert werden.

Flexibilität

Neue Absolventen sind oft überrascht, wie viel Flexibilität es bei den Gehältern gibt. Es ist nicht unerhört oder ungewöhnlich, dass Menschen, die identische Jobs in einem Unternehmen machen, stark unterschiedliche Gehälter erhalten. Dies kann auf die Zeit, als sie angefangen haben, wen sie kennen, auf die Anspannung auf dem Arbeitsmarkt oder auf ihre eigene Durchsetzungskraft zurückzuführen sein. Erinnern Sie sich an das alte Sprichwort „der offene Mund wird gefüttert". Wie Sie wissen sollten, ist Ihr Gehalt nur *ein* Aspekt Ihrer Gesamtvergütung. Sie sollten sich bewusst sein, welche anderen Vorteile oder Vorzüge für Sie verfügbar sind. Wenn das Unternehmen beispielsweise großzügig bei der Förderung von weiterführenden Aus- oder Weiterbildungsmaßnahmen ist, kann ein niedrigeres Anfangsgehalt im Gesamtbild vielleicht ignoriert werden. Wenn Sie die Leiter des Unternehmens erklimmen, schlage ich jedoch vor, dass Ihre Flexibilität beim Gehalt geringer wird.

Wert vs. Stunden

Beruflich im Bankwesen zu arbeiten, bedeutet selten, stundenweise bezahlt zu werden. Ja, es gibt Richtlinien, die von Ihrem Land abhängen, aber im Allgemeinen arbeiten Händler und Investmentbanker zwischen 40 und 60 Stunden pro Woche. Ich möchte Ihnen raten, sich frühzeitig in Ihrer Karriere auf den **Wert,** den Sie dem Team bringen zu konzentrieren, und nicht auf die Anzahl der Stunden, die Sie dort verbringen. Es gibt einen *großen* Unterschied zwischen beschäftigt und produktiv zu sein. Die alte Praxis des „Zu-Tode-Schuftens" und verrückter Wochenstunden ist hoffentlich vorbei, genauso wie der Trend des flüssigen Mittagessens aus den 1990er Jahren.

In einem der Teams, das ich gemanagt habe, war eine Mutter mit einem kleinen Kind, das zur Schule ging, und sie ging regelmäßig früh, um ihn jeden Tag von der Schule abzuholen. Als sie sich dem Team anschloss, sprach sie mich an, um über ihre besonderen Bedürfnisse zu sprechen. Ehrlich gesagt, war ich anfangs zögerlich, aber sie versprach mir im Gegenzug außergewöhnliche Leistung. Unterm Strich stellte sie sich als die Top-Performerin des Teams heraus und es war keine Überraschung, als ich ihr auch den größten Bonus des Teams gab. In Wirklichkeit hat sie sogar mehr Geld verdient als ich.

Jeder seriöse Manager wird sich auf den Wert konzentrieren, den er einbringt, und nicht auf die Anzahl der Stunden, die er im Büro verbringt. Das sollten Sie sich vor allem immer dann merken, wenn es um die Gehaltsverhandlung oder Bonusverhandlung geht.

KAPITEL 9:
Das Beste aus dem Praktikum oder dem Studentenjob machen

Jetzt haben Sie ihr Praktikum, herzlichen Glückwunsch! Lassen Sie uns untersuchen, wie Sie Ihre Zeit in der Position maximieren können. Das offensichtlichste Ziel ist es, so viel wie möglich zu lernen und das sollten Sie auch. Achten Sie besonders darauf, welche Verhaltensweisen belohnt und welche bestraft werden. Während des ganzen Prozesses wollen Sie einen offenen Geist beibehalten und alle Informationen aufsaugen. Diese Offenheit bedeutet auch, dass Sie Dingen, die nicht genau in Ihrer Stellenbeschreibung stehen, positiv gegenüberstehen. Zum Beispiel half uns in dem Trading-Team, in dem ich arbeitete, ein Praktikant mit seinen Sprachkenntnissen bei der Ausführung von Trades. Das war nicht Teil seines Jobs, aber er war offen und wir gaben ihm zusätzliche Einblicke. Um Missverständnisse zu vermeiden, diese Offenheit ist <u>kein</u> Freifahrtsschein für unethisches Verhalten.

Unter dem Strich ist ein Praktikum viel zu früh, um sich hier schon auf etwas zu versteifen, was man vielleicht als ersten Job nach dem Abschluss machen möchte.

Vertrauen

Als Praktikant oder studentischer Mitarbeiter werden Sie zwar als Teammitglied betrachtet, sind aber immer noch etwas Außenseiter. Das weiß ich aus der Zusammenarbeit mit einigen Praktikanten in den Teams, die ich gemanagt habe. In einigen Fällen teilen jedoch seltsamerweise andere Menschen Dinge mit ihnen, die sie nicht mit anderen regulären Teammitgliedern teilen würden. Das liegt daran, dass Sie als Praktikant in einer geschützten Sphäre sind, Ihre Fehler werden Ihnen viel schneller und einfacher als andere vergeben. Der einzige Fehler, der NICHT vergeben werden wird, ist, vertrauliche Informationen, ohne Erlaubnis zu teilen. Im Grunde war das ein Vertrauensbruch und je nachdem, mit wem Sie das gemacht haben, könnten Ihre verbleibenden Tage als Praktikant die Hölle sein.

Market Making

Ein Team, das ich oft im Unterricht erwähnte, wenn ich gefragt werde, was die beste Abteilung für den Einstieg in eine Bank ist, wenn Sie Interesse am Trading haben, ist das Market Making-Team. Hier lernen Sie eine Menge über den Interbankenhandel und erhalten tiefe Einblicke in die Arbeit an einem Orderbuch. Diese Erfahrungen werden Ihnen später eine solide Basis für fast jede andere Abteilung bieten. Die Marktmacher, die ich kenne, sind nun Leiter einiger Trading-Divisionen, CEOs von mittelgroßen Brokern und sogar Vertriebsleiter.

Networking für Praktikanten

Während Ihrer Praktikumserfahrung ist es, keine Überraschung, Ihr Ziel, neben dem Lernen praktischer Fähigkeiten, Networking zu betreiben und professionelle Kontakte aufzubauen. Das sind die Personen, die Sie für ein weiteres Praktikum empfehlen oder Ihnen den Kontakt zu den richtigen Personen geben werden. Aus eigener Erfahrung waren viele der neu eingestellten Händler oft zuvor als Sommer- oder Winterpraktikant angestellt. Viele ehemaligen Studenten aus meinen GCMS-Klassen berichten, dass sie ihre ersten Jobs aus Praktikumsverbindungen hatten.

Dabei ist zu beachten, dass sich die Menschen in der Finanzbranche viel bewegen, zwischen Unternehmen und Ländern. Auch wenn die Finanz- und Investmentbanking-Welt heutzutage global ist, wissen wir in Wirklichkeit viel mehr voneinander, als man nur als Beobachter von außen denken würde. Das ist ein weiterer Grund, weshalb Sie Ihren Ruf wie Ihr Leben beschützen müssen. Denn Freunde oder Feinde, die bei einer Bank gemacht wurden, könnten bei Ihrem nächsten Arbeitgeber als Kollege, Chef oder Chef Ihres Chefs auf Sie warten!

Europa und die Vereinigten Staaten Networking-Unterschiede

Glücklicherweise sind die Unterschiede nicht sonderlich groß, aber die subtilen Unterschiede sind wichtig. Anderen zur Verfügung stehen und Verbindungen herzustellen, BEVOR Sie sie benötigen, ist immer noch wichtig.

Jedoch ist es in Amerika keine große Sache, auf Fremde zuzugehen und sich zu vernetzen. In New York City, wo ich einen Großteil meiner Karriere verbracht habe, ist das fast ununterbrochen so. In Europa, insbesondere in Nordeuropa (Norwegen, Schweden, Dänemark, Finnland) könnten die Menschen dieses Verhalten jedoch sogar als aggressiv betrachten. In London sind die Dinge schon etwas näher am New Yorker-Stil, aber je nach Ihrem Umfeld etwas weicher. Daher sollten Amerikaner, wenn Sie in Europa sind, erwägen, die Dinge etwas langsamer anzugehen, wenn Sie der aufgeschlossene New Yorker-Typ sind. Meinen europäischen Lesern kann ich für den Umgang mit Menschen aus den Vereinigten Staaten nur folgendes mitgeben: „Der offene Mund wird gefüttert!"

KAPITEL 10:
Der erste Job nach dem Abschluss

Es war nicht mein erster Job nach dem Schulabschluss, aber ich vernetze mich bis heute noch mit den Mitgliedern meines alten Teams. Übrigens sind wir mittlerweile alle bei verschiedenen Banken oder haben unsere eigenen Firmen gegründet.

Ich bin der Überglückliche in der Mitte mit ausgestreckten Armen.

Willkommen in der „echten Welt", wie man so sagt. Diese sogenannte echte Welt ist eigentlich gar nicht so schlimm. Die erste gute Nachricht ist, dass Sie nun endlich echtes Geld bekommen sollten. Vieles, was wir für Praktikanten besprochen haben, kann auch auf frische Absolventen angewendet werden, aber mit mehr Dringlichkeit. Denn Ihr Fähigkeitserwerb und der Netzwerkaufbau erhöhen sich um einige Stufen.

In der Praxis bedeutet das, dass Sie so bald wie möglich nach Abschluss Ihrer ersten Ausbildung beginnen sollten, zusätzliche Schulungen zu besuchen oder zumindest andere wissen lassen, dass dies Ihr Wunsch ist. In den meisten Fällen wird Ihr Vorgesetzter dies positiv bewerten. Denn in vielen Banken werden die Manager nach dem Fortschritt ihrer Teams bewertet. Zum Beispiel, wenn Sie ein Team leiten, in dem viele Menschen befördert werden, wirkt sich das auch positiv auf die Führungskraft aus. Er oder sie tut etwas richtig, und es macht auch das Team dieses Managers sehr attraktiv. Jeder wird dort arbeiten wollen, denn, wer würde nicht in einem Team arbeiten wollen, in dem Menschen Fortschritte machen?

Networking im ersten Job

Die Regeln des Networkings als Praktikant haben wir bereits abgedeckt, aber hier werden die Dinge verfeinert. Was Sie schnell bemerken werden, wenn Sie an einem Trading Desk arbeiten, ist, wie viele Menschen zu einem bestimmten Zeitpunkt in ihrer Karriere miteinander gearbeitet haben. Dies gilt nicht nur für Händler,

Vermögensverwalter und Marktmacher, auch Marketing-Teams haben oft eine Menge Kontakte aus früheren Jobs.

Eines Ihrer Ziele als neues Teammitglied ist es, Flexibilität zu zeigen und offen für Gefälligkeiten zu sein. Zum Beispiel einen Arbeitszeitplan mit einem Kollegen zu tauschen, wenn Sie an einem 24-Stunden-Schreibtisch arbeiten. Wie bereits besprochen, schließt diese Flexibilität jedoch _niemals_ unethische Dinge ein. Unethisch zu sein, wird Sie schnell einholen und das war es mit der Karriere.

In vielen Unternehmen werden Sie eine gewisse Fluktuation im Personal erleben. Sie sollten mit den Menschen, die Ihnen gefallen, so viel Kontakt wie möglich halten. Sie werden zu Ihrer N3achrichtenquelle für das, was in anderen Unternehmen vor sich geht, und so Sie haben Zugriff auf ein anderes Netzwerk. Und im Gegenzug sind Sie ihre Quelle von Nachrichten. Ein weiterer Punkt, der zu beachten ist, ist, dass, auch wenn Menschen ein Unternehmen verlassen, diese in ein oder zwei Jahren wieder zurückkehren könnten!

KAPITEL 11:
Die soziale Szene

Viele Berufsbücher überspringen diesen Teil, da dies sehr heikel sein kann, aber ich bin dafür bekannt, Dinge so zu benennen, wie sie sind und deshalb werde ich es auch. Die Welt des Handels- und Investmentbankings scheint (von außen betrachtet) zuweilen nur wie eine große Party auszusehen. Mehrere Faktoren tragen dazu bei, zuerst ist es natürlich Ihr gut bezahltes Gehalt. In den meisten Fällen erhalten Sie ein Gehalt, das Ihnen mehr Spielraum für Unterhaltung, als der durchschnittlichen Person ermöglicht. Für den Fall, dass Sie dies nicht erhalten, keine Sorge, denn es gibt so viele Firmen-Treffen. In Skandinavien, wo ich einen Teil des Jahres wohne, gibt es eine Sache, die „Friday Bar" oder „fredag bar" auf Dänisch genannt wird, wo die Banken und Firmen jeden Freitag eine Party auf dem Firmengelände starten. Ich kann nur sagen, dass ich alle meine Friday Bars ohne Zwischenfälle genossen habe. Leider kann dies jedoch nicht jeder von sich behaupten, insbesondere diejenigen, die neu im Bankwesen sind. Sie müssen auf diesen Veranstaltungen wirklich aufmerksam sein. Ja haben Sie Spaß, denn davon können Sie in der Tat eine Menge haben! Allerdings würde ich mit dem Alkohol, vor allem, wenn Sie sich noch auf dem Grundstück Ihres Arbeitgebers befinden, eher vorsichtig angehen.

Auf Firmen-Weihnachtsfeiern versuche ich immer zu gehen, bevor es zu verrückt wird. Natürlich war ich *kein* Engel, doch was meine Freunde und ich taten, war, das richtige Feiern woanders zu machen. Weit weg vom Sichtfeld aller Kollegen, die wir am Montagmorgen wiedersehen müssen. Das sollten Sie unbedingt berücksichtigen.

Dating im Job

Dating im Job, ist überall wo ich jemals gearbeitet habe, passiert. Von meinem Sommerjob als Lagerberater in New York während meiner Studientage, bis hin zur Leitung von Bankerteams in Europa. Während meiner Zeit als Angestellter habe ich gesehen, dass sich einige Menschen auf der Arbeit trafen und am Ende glücklich verheiratet waren, also gibt es definitiv Happy Ends.

Allerdings schlage ich vor, dass Sie Ihre Dating-Sache im Job sehr diskret angehen. Einige der offensichtlichen DONT's sind mit Ihrem Chef auszugehen oder Menschen für Dates zu belästigen. Dadurch werden Sie nicht nur entlassen werden, sondern Sie könnten sich auch noch vor Gericht wiederfinden. Eine bessere Idee ist es, Menschen außerhalb der Arbeit zu treffen. Um ganz ehrlich zu sein, ich bin auch mit Arbeitskolleginnen ausgegangen. Doch im Vergleich zum Dating außerhalb der Arbeit schien es ohne Arbeit sowohl weniger kompliziert als auch stressig zu sein. Am Ende müssen Sie herausfinden, was für Sie am besten funktioniert. Allerdings wäre ich im derzeit äußerst heiklen rechtlichen Umfeld sehr vorsichtig.

Würden Sie gerne mitten im Arbeitstag flirten? Widerstehen Sie dem Drang. Denn bei den paar Malen, die mir zu Ohren kamen, endete es für die beteiligten Menschen _immer_ schlecht.

KAPITEL 12:
GCMS Finance Assessment Übung

Diese Prüfung wurde entwickelt, um Ihnen Feedback zu Ihren Kenntnissen über die grundlegenden Prinzipien der Kapitalmärkte zu geben. Die Fragen sollten Sie zum Nachdenken bringen, aber sie sollten nicht übermäßig herausfordernd sein, da dies die Grundlagen sind. Die meisten Prüfungen geben selten mehr als eine Minute pro Frage an, daher sollten Sie sich, um realistisch zu sein, an dieser (einen Minute) als Benchmark testen. Wenn Sie dabei Probleme haben, sollten Sie einige praktische Schulungen oder Bücher zu Rate ziehen suchen, um diese Lücken zu füllen.

Bitte beachten Sie, dass echte Prüfungen in der Regel zwischen 50 und 100 Fragen haben werden, dies ist nur als „Vorspeise" gedacht.

GCMS Finance Assessment Übung

1. Welche der folgenden Aussagen zum Sparverhalten ist am zutreffendsten?
(a) erwartete Einkommenssteigerungen ermutigen die Menschen, weniger zu sparen
(b) höhere Zinssätze reduzieren die Bereitschaft gegenwärtigen Verbrauch gegen zukünftigen Verbrauch zu tauschen
(c) Keine der oben genannten Optionen

2. Die Standardabweichung ist ein Maß für
(a) Weder Risiko noch Rendite
(b) Rendite
(c) Risiko und Rendite
(d) Risiko

3. Eine Aktie, die am Markt mit hohen Volumina gehandelt wird, wird als was bezeichnet?
(a) Liquide Aktie
(b) Illiquide Aktie
(c) Value Aktie
(d) Growth Aktie

4. Welche der folgenden Optionen ist kein typischer Ausstiegsweg für einen Private Equity Investor?
(a) IPO
(b) NCD
(c) Rückkauf
(d) strategischer Verkauf

5. Welche Auswirkung auf die Inflation wird erwartet, wenn die Fed die Zinsen erhöht?
(a) Sie verringert sich
(b) Keine Auswirkungen
(c) Sie erhöht sich

6. Was ist der FOMC?
(a) Federal Official Market Corp
(b) Federal Office Market Committee
(c) Federal Open Market Committee

7. Was misst der CPI?
(a) Unternehmensdruck
(b) Inflation
(c) Verbraucherausgaben

8. Warum sind Moving Averages als Trading-Tool hilfreich?
(a) Studien zeigen, dass sie besser als andere Analysen sind
(b) Sie geben perfekte Handelssignale
(c) Sie machen es einfacher, einen Trend zu erkennen

9. Ist es möglich, Forex in der Woche um 03:00 zu handeln?
(a) Ja, der Markt ist 24/6 geöffnet
(b) Ja, aber nur asiatische Währungen
(c) nur nach Genehmigung durch einen leitenden Händler

10. Was ist der Zweck einer Stop-Order?
(a) Stoppt den Verlust bei einem Trade
(b) Stoppt den Verlust in geschlossener Position
(c) um neuen Tradern zu helfen

11. Wann sollte ein Trader die größte Marktvolatilität nach einem Bericht erwarten?
(a) wenn sich der Bericht deutlich von den Erwartungen unterscheidet
(b) wenn der Bericht wie erwartet ist
(c) wenn der Bericht etwas von den Erwartungen abweicht

12. Was sind Beispiele für Dinge, die den Forex-Markt beeinflussen?
(a) Beschäftigungs-/Tätigkeitsberichte
(b) Die Zahl der Neugeborenen in Mexiko
(c) Die Einschaltquoten der Kabelnachrichten diese Woche

13. Ein Modell, das die Beziehung zwischen Risiko und erwarteter Rendite beschreibt und bei der Preisgestaltung von Wertpapieren verwendet wird.
(a) Beta-Modell
(b) effiziente Markthypothese
(c) Security Market Line
(d) CAPM

14. Risiko wird gemessen durch
(a) Volatilität
(b) Zinssätze
(c) Rendite
(d) Keine der oben genannten Optionen

15. Eine Null-Kupon-Anleihe hat kein _____ Risiko
(a) Reinvestitionsrisiko
(b) Zinsrisiko
(c) Ausfallrisiko
(d) Inflationsrisiko

16. Sie sind ein internationaler Händler, der Geschäfte mit Mexiko macht. Sie werden in naher Zukunft eine große Menge an Pesos erwerben und befürchten, dass der Wert des Peso sinken wird. Wie können Sie Ihre Position absichern?
(a) Peso-Futures-Kontrakte verkaufen
(b) Verkauf von Dollar-Futures-Kontrakten
(c) Peso-Futures-Kontrakte kaufen
(d) Keine der oben genannten Optionen

17. Johan erwartet von seinem Onkel 15,000 USD als Geschenk. Das Geld wird in einem Monat erhalten. Er plant, 50 % des Geschenks in Aktien zu investieren. Die jüngsten Trends deuten darauf hin, dass die Aktienkurse steigen könnten. Bevorstehende Wahlen können den Optimismus der Händler dämpfen, insbesondere wenn die Regierung beschließt, eine strenge Wirtschaftspolitik zu beschließen. Was sollte Johan aufgrund der gegebenen Informationen tun, wenn er von der kurzfristigen Rally der Aktienkurse profitieren möchte?
(a) Kauf von Long-Index-Futures/Optionen
(b) Kauf von Aktien vom Spotmarkt durch Kreditaufnahme
(c) Short-Sell-Index-Futures
(d) Keine der oben genannten Optionen

18. Die Renditen von Aktien A und B weisen einen Korrelationskoeffizienten von -1 auf. Wenn der Kurs von Aktie A um 12 % ansteigt, wie wird sich der Kurs von Aktie B bewegen
(a) Abwertung um 12 %
(b) um 12 % steigen
(c) Abwertung um 6.0 %
(d) unverändert bleiben

19. Wenn eine Anleihe mit einem Aufschlag verkauft wird
(a) Der Kupon liegt unter dem Marktkurs
(b) Es handelt sich um eine attraktive Investition
(c) die realisierten Zinseszins-Erträge werden geringer sein als der Ertrag bis zum Stichtag
(d) seine aktuelle Rendite liegt unter dem Kupon

20. Der NASDAQ ist

(a) der NASDAQ (Akronym für National Association of Securities Dealers Automated Quotations) ist eine amerikanische Börse

(b) Ist ein Teil der NYSE, an dem Technologieaktien gehandelt werden

(c) das Handelssymbol für ein an der Amex notiertes Aquatikunternehmen

Das Antwortblatt befindet sich am Ende des Buches.

KAPITEL 13:
Fragen im Bewerbungsgespräch

Die vorgestellten Interviewfragen sollen als Vorwarnung dessen dienen, was Sie in einem typischen Interview erwarten können. Sie bereiten sich am besten darauf vor, indem Sie Ihre Antworten auf mehrere Versionen dieser Fragen ausformulieren. Egal ob Sie allein oder mit einem Partner üben, Sie möchten sich bei dieser Art von Fragen so wohl wie möglich fühlen. Das alles dient dem Ziel, Sie so weit wie möglich vorzubereiten.

Arbeitgeber suchen nach Kandidaten mit den folgenden Eigenschaften: Inhalte, praktische oder adaptive Fähigkeiten.

- Inhalte: Arbeitsspezifische Kenntnisse, z. B. (Handel, Sprache, Programmierung usw.)
- Praktische Fähigkeiten: Fähigkeiten, die in früheren Jobs oder Aktivitäten entwickelt wurden, die der Arbeitgeber für wertvoll hält, z. B. (Organisieren, Führen, Selbstentwicklung, Kommunikation usw.)
- Adaptive Fähigkeiten: Persönliche Eigenschaften wie Zuverlässigkeit, Teamspieler, Motivation, Pünktlichkeit usw.

Was ist die optimale Strategie, um diese Art von Fragen zu beantworten?

Wenn Sie antworten, müssen Sie einen Überblick über die konkrete Aufgabe oder das konkrete Problem, welche Schritte Sie unternommen haben und zu welchem Ergebnis es geführt hat geben. Ihre Antwort sollte alle folgenden Punkte enthalten.

Aufgabe: Unser Team schnitt nicht gut ab und lag über dem Durchschnitt bei Handelsfehler.

Spezifische Aktion: Daraufhin habe ich spezifische Schulungen erstellt und geleitet, um so die Handelsfähigkeiten zu verbessern.

Ergebnis: Wir haben Fehler um 50 Prozent reduziert.

Fragen zu Entscheidungen

- Erzählen Sie mir von sich selbst und führen Sie mich durch Ihren Lebenslauf. Geben Sie mir eine kurze Zusammenfassung Ihrer Arbeitshistorie.
- Warum haben Sie sich für Ihre Universität entschieden?
- In welchen Kursen haben waren Sie am besten oder am schlechtesten?
- Erzählen Sie mir von Ihrer College- oder Universitätserfahrung.
- Warum haben Sie Ihre letzte Position verlassen?
- Was haben Sie bei Ihrem letzten Job über sich selbst gelernt?
- Erzählen Sie mir, warum Sie sich für diese Branche entschieden haben.
- Geben Sie Beispiele dafür, wie Sie Ihre größten Fähigkeiten eingesetzt haben.
- Was ist Ihre größte Schwäche?
- Was waren Ihre größten Erfolge? Wie haben Sie diese erreicht?
- Was waren Ihre Fehler und was haben Sie daraus gelernt?
- Was bedauern Sie?

Motivationen

- Was waren Ihre wichtigsten Erfolge?
- Was motiviert Sie?
- Was sind Ihre wichtigsten Stärken?
- Was gefällt Ihnen an dieser Position?
- Welche Ereignisse haben sich auf Ihr Leben ausgewirkt?
- Welche Art von Aktivitäten genießen Sie?
- Erzählen Sie mir etwas über sich selbst, das nicht in Ihrem Lebenslauf steht.
- Was würden Sie tun, wenn Sie nicht für Geld arbeiten müssten?
- Was machen Sie zum Spaß?
- Wo sehen Sie sich in 2-3 Jahren?

Teamarbeit

- Beschreiben Sie eine Zeit, in der Sie Mitglied eines Teams waren, das Schwierigkeiten hatte. Was haben Sie getan? Was war das Ergebnis?
- Was haben Sie konkret getan, um Teamarbeit und Zusammenarbeit zwischen Einzelpersonen und Gruppen in einer Geschäftssituation zu fördern? Was war Ihre Motivation? Wie effektiv waren Ihre Aktionen?
- Erzählen Sie mir von einem Manager, mit dem Sie zusammengearbeitet haben und den Sie zutiefst respektieren. Was sind die Eigenschaften dieser Person, die sie als Teamleiter effektiv und inspirierend macht?
- Welche Rolle übernehmen Sie normalerweise in einem Team?

Umgang mit Unsicherheit

- Erzählen Sie mir von einem Projekt, an dem Sie gearbeitet haben, dass sich ständig veränderte und unvorhersehbar war. Wie sind Sie damit umgegangen?
- Beschreiben Sie eine Situation, in der Sie oder die Menschen um Sie herum sich aufgrund mangelnder Orientierung oder Richtlinien unwohl gefühlt haben. Wie haben Sie reagiert und was waren die Ergebnisse?

Initiative

- Geben Sie ein Beispiel bei dem Sie an einem kritischen Projekt/Job mit wenig oder ohne Aufsicht gearbeitet haben. Wie sind Sie vorgegangen? Was war das Ergebnis?
- Was ist das beste Beispiel dafür, wie Ihre Initiative den Unterschied bei der Erreichung der erforderlichen Ergebnisse gemacht hat?
- Beschreiben Sie ein Projekt, bei dem Sie über das hinausgingen, was von Ihnen erwartet wurde.
- Was ist das beste Beispiel, das Sie geben können, bei dem Sie in einer unsicheren Situation ein kalkuliertes Risiko eingingen, um ein gewünschtes Ziel zu erreichen?

Beziehungsaufbau

- Beschreiben Sie eine Erfahrung, bei der Sie starken Widerstand gegen Ihre Ideen oder Initiativen überwinden mussten. Beschreiben Sie Ihre Zielgruppe, die Art des Problems, das Sie mit ihnen besprochen haben, und die Schritte, die Sie unternommen haben, um diese Gruppe zu beeinflussen.
- Erinnern Sie sich an eine Zeit, in der Sie andere dazu überredet haben, das zu tun, was Sie wollten.
- Liefern Sie das beste Beispiel dafür, wie Sie hinter den Kulissen erfolgreich gearbeitet haben, um eine wichtige Geschäftsentscheidung zu beeinflussen.

Führung

- Stellen Sie ein Beispiel für eine Situation dar, in der Sie die Leistung einer anderen Person verbessern konnten. Was hat zu dieser Situation geführt?
- Beschreiben Sie eine Situation, in der Sie die Aufsicht über einen Mitarbeiter übernehmen mussten. Was haben Sie getan?
- Geben Sie mir Beispiele für Ihre Führungsqualitäten.
- Was würden Ihre Teammitglieder über Sie sagen, wenn ich sie um Feedback zu Ihrem Führungsstil beten würde?

Kreativität

- Geben Sie ein Beispiel dafür, wie Sie Geschäftschancen erkannt haben, um Gewinne zu generieren. Wie haben Sie die Gelegenheit verfolgt? Was war das Ergebnis?
- Beschreiben Sie eine Situation, in der Sie einen kreativen Ansatz zur Lösung eines Problems vorgeschlagen haben. Wurde er akzeptiert?
- Haben Sie in letzter Zeit jemandem eine neue Idee vorgeschlagen? Was war die Idee? Was hat Sie zu der Idee gebracht?
- Was ist die kreativste/innovativste Sache, die Sie je gemacht haben?
- Geben Sie mir ein Beispiel, bei dem Sie eine kreative Lösung für ein Problem fanden.

Integrität

- Erzählen Sie mir von einer Zeit, in der Sie ein Versprechen gegeben haben, das sich als schwierig zu halten erwies. Was haben Sie getan, um die Situation zu lösen?
- Wurden Sie mit einer Situation konfrontiert, in der jemand nicht fair behandelt wurde? Was haben Sie getan? Was war das Ergebnis?
- Erzählen Sie mir von einer Zeit, in der Sie die Interessen von jemand anderem Ihren eigenen vorzogen. Was ist Ihnen bei Ihrer Entscheidung durch den Kopf gegangen? Wie fühlten Sie sich dabei?

Auffassungsgabe

- Beschreiben Sie eine Zeit, in der Sie sich in einer neuen Situation wiederfanden und sich schnell Wissen aneignen mussten, um zu verstehen, was geschah. Welche Werkzeuge haben Sie verwendet? Was war das Ergebnis?
- Wie reagieren Sie auf Fragen, die Inhalte betreffen, mit denen Sie nicht vertraut sind?

Team und Kultur

- Beschreiben Sie, was das ideale Umfeld für Sie wäre.
- Was gefällt Ihnen am meisten an der Umgebung, in der Sie derzeit arbeiten? Welche Aspekte Ihrer derzeitigen Tätigkeit möchten Sie bei Ihrer nächsten Tätigkeit vermeiden?
- Was denken Sie, erfordert diese Position, und wie gut entsprechen Sie diesen Anforderungen?
- Beschreiben Sie die relevantesten und spezifischen Bereiche aus Ihrem Hintergrund, die zeigen, dass Sie für diese Stelle qualifiziert sind.
- Was ist Ihnen in Ihrer nächsten Position am wichtigsten?
- Wie definieren Sie Stress und wie gehen Sie damit um?
- Warum interessieren Sie sich für diese Position?
- Was interessiert Sie an unserem Unternehmen?
- Erzählen Sie mir warum Sie sich für diese Branche entschieden haben.

Der Abschluss

- Warum sollten wir Sie einstellen?
- Warum sind Sie die ideale Person für diese Position?
- Was unterscheidet Sie von den anderen Kandidaten?
- Haben Sie Fragen an mich/uns?

KAPITEL 14:
Quellen

Hier sind einige meiner anderen Bücher, die nachweislich Studenten und Absolventen helfen. Einige davon sind übrigens auch auf Deutsch erhältlich:

Algo Programmierung:

Expert Advisor Programming for Beginners: Maximum MT4 Forex Profit Strategies

Technische Analyse:

Fortgeschrittene Technische Analyse für Forex

Blockchain:

Blockchain Praktische Anwendungen, Praktisches Verständnis: Wie Blockchain In Ihrer Welt Eingesetzt Werden Kann

Websites:

Eine der besseren Seiten für die Jobsuche, sowie Artikel im Zusammenhang mit Investmentbanking und Finanzen im Allgemeinen: https://www.efinancialcareers.com/

Praktische Kapitalmarktausbildung und Karrierecoaching:

https://www.gcmsonline.info/

SCHLUSSWORT

Vielen Dank, dass Sie es bis zum Ende von *Ihre erste Stelle oder Praktikum im Finanzsektor* geschafft haben. Ich hoffe, es war informativ und konnte Ihnen die Werkzeuge, die Sie benötigen, um Ihre Ziele zu erreichen an die Hand geben. Der nächste Schritt besteht darin, die Interviewfragen so lange zu üben, bis sie ganz natürlich darauf antworten können. Für diejenigen, die noch tiefer in die Materie eintauchen möchten, empfehle ich einen Blick auf meine Website für weitere Möglichkeiten zu werfen.

Ich wünsche Ihnen alles Gute!

PROFIL DES AUTORS

Wayne Walker ist der Direktor einer globalen Kapitalmarktbildungs- und Beratungsfirma (gcmsonline.info). Er verfügt über langjährige Erfahrung in der Leitung und dem Coaching von Teams von Anlageberatern und hat in der Privatkundengruppe auf der Grundlage von Bench Mark Earnings (BME) Teams mit Spitzenleistungen geleitet. Darüber hinaus ist er dafür bekannt, vielen dabei zu helfen sich ihre erste Stelle im Finanzsektor zu sichern.

Das Antwortblatt zum GCMS-Assessment

1 - A
2 - D
3 - A
4 - B
5 - A

6 - C
7 - B
8 - C
9 - A
10 - A

11 - A
12 - A
13 - D
14 - A
15 - A

16 - A
17 - A
18 - A
19 - D
20 - A

www.ingramcontent.com/pod-product-compliance
Lightning Source LLC
Chambersburg PA
CBHW070453220526
45466CB00004B/1808